Alessandro Mannina

Filamenti di sigaretta

© 2012 Lulu Author. All rights reserved.

A mia nonna

Affondata nel divano di stanchezza
pregiata
cuoce con calma sconcertante
i tempi che furono
in una pentola indistruttibile

Filamenti di sigaretta
(primo tiro)

Filamenti di sigaretta
Disseminati d'aria
Come conversazioni borbottate nella burrasca
Nessuno può etichettare la poesia

Il tuo pianto & il cielo che diventa opaco
Nei giorni del Diluvio eravamo seduti sulla spiaggia
A contemplare il sole adagiato sul mare
Nell'essenza di ogni storia c'è il tuo odore
In ogni mio ricordo c'è il tuo bagliore

Così anch'io comincio una rivoluzione
Dal mio letto
Sogno di trovare qualcosa che assomigli al mio sorriso
Amore, non ascoltare la sirena del conformismo
Nessuno può dirtelo & nessuno può saperlo
Solo davanti a uno spettacolo di distruzione
Posso ricostruire pezzo dopo pezzo
Raccogliendo soddisfatto i rottami di un'anima
Decisa a evolversi

Il cielo tramonta

Non vedo più l'estate nei tuoi occhi

Il cielo tramonta

Dov'è scritto che sia un male

Se smetti di credere fallo davvero

Se smetti di amare fallo davvero

Assorbita dai tuoi pensieri

Diventi l'energia che spinge la mia ispirazione

& se anche il cielo tramonta

Cosa importa

Qualcos'altro lo sostituirà

I miei occhi traboccano volontà

La musica merita rispetto

La magia dimora nel trucco

Non posso perdere ciò che ho già trovato

Il guadagno si mescola al tuo sguardo intinto di dubbi

Nelle mani una manciata di giorni sciupati

Rivestito di novilunio ricordo ogni tuo passo di danza

Eppure il tuo viso mi è estraneo

Nessun dogma merita la mia attenzione

Libera la mente

Liberamente

Se mi chiedessero cos'è il rimpianto

Non saprei rispondere

Nel bel mezzo della notte

Quando appoggio il mio respiro sul tuo

& vorrei dirti tutto quello che non saprai mai

Protetto dal confortante fruscio di lenzuola affettuose

Chiudo gli occhi & mi disseto di soddisfazione

Condividere il silenzio con te mi rende invulnerabile

      & incantato

Filamenti di sigaretta
(secondo tiro)

Filamenti di sigaretta
Di un artista che implora la sua Musa
Mentre la nicotina aspira al verso migliore
Equilibrio significa cogliere la rosa perfetta senza ucciderla

Danza per me, piccola

Svelami i segreti del tuo corpo

In riva al torrente paglierino ho giurato vendetta

Ma ogni battaglia che ho combattuto è finita con una risata

Danza per me, piccola

Dammi uno specchio da ingoiare per guardarmi dentro

I fantasmi delle tue promesse ciondolano sulla strada

                Come monaci affranti

Danza per me, lucciola stregata

Io accenderò un falò colmo di desiderio

            Siamo incompleti & perfetti

Credi che il tempo sia lineare?

Nella linea temporale

Hai trascurato il tuo volto

Sei qui per rivivere

Tradisci un amico se è utile

Ogni preghiera recitata è un insulto alla vera fede

Scegli con cura i nemici

Non scoprire il tramonto

Lascia ai segreti la propria dignità

Risorgi

Evadi dall'ego

Non aiutare gli altri a recitare

Impacchetta universi in singole parole

Ribellati

Non credere in niente che il cuore non approvi

Respira

Accetta la quiete del caos

Comprimi il superfluo in essenza

Anima

Perditi per conoscere la strada

Sfida il cielo piantando fiori

Cambia direzione

Lotta col destino

Mettiti in discussione meditando

Rivoluziona in silenzio

Suona le melodie che ti commuovono

& resta fino alla fine della musica

Sii ridicolo se serve

Ridi di gusto

Diventa pazzo

Fotografa

Abbatti ogni compromesso

Guida sicuro

Piangi senza paura

Spegni la luce

Accarezza il buio

Sogna

Alimenta il tuo talento

Il tempo non è lineare

Nella linea temporale

Trasforma il tuo tempo

In un alleato brillante

Anni fa pigiavo furioso sulla tastiera
tutto quello che mi passava per la testa
& poi cancellavo, cancellavo, cancellavo
Adesso che sono più maturo scelgo con cura ogni parola
& dopo cancello, cancello, cancello

Nella mia stanza sotterranea

Ho costruito un camino

& c/ho piazzato vicino una bella scrivania

& una poltrona comoda

Insomma, uno spazio tutto mio dove riposare la mente

Ora tu dici: è tetro &d è pure squallido

Dici: è funereo &d è pure macabro

& io tra un pensiero & l'altro

Nella mia stanza sotterranea ho costruito una bella cella

Una cella confortevole

& t/c/ho ficcata dentro

Poi sono tornato davanti al camino a fumare la pipa

Avevi ragione

    Adesso sì che è davvero macabro, amor mio

Guardando oltre il vento
Sul tracciato dell'eterno abbaglio
Seguirò la processione fino al Tempio
& poi lascerò che il rogo disinfetti i loro dogmi

Incendiami l'anima
La mano del diavolo è fredda stanotte

Ho sentito i santi sussurrare bestemmie
    Passeggiando sul selciato, fumando sigari
Cercando qualcosa da trovare
    Sprecando verbi per non dire niente

Domani vento & cenere ci ricorderanno dove eravamo
& dove dovremmo essere
Ci saranno nuove elezioni
Per tenere a bada il popolo

Chi dorme, non contesta
Che si vinca o perda che si vinca o perda chesivincaoperda
Non conta
Davvero, non conta

Nelle sue tenere pupille
Era circonciso il prodigio delle figlie d'Eva

Diventa la tua vita

Fa' che la vita diventi tua

Nessun fiume si ferma per ammirare il cielo

Anche se danziamo al buio

Non sbagliamo un passo se seguiamo la musica

Non essere furiosa

La tempesta passerà lasciando posto

Ad un alcool-baleno di giocosa brina

Afferra la mia mano

Riconosci la scossa

Basta un giorno d'isolamento a fortificare la compagnia

C'è chi vive libero & chi sceglie di disertare

Cerca tutte le domande

Prima che le risposte trovino te

La riva mormora nel tuo singhiozzo

Un disciolto dono di giada

Scaglie di deserto nei tuoi occhi

Gioco di allergie volgari

Usavamo parole diverse per dire le stesse cose

Mi sono allontanato per vedere meglio

Ogni abbraccio che ti ho dato

Era una promessa

Filamenti di sigaretta
(terzo tiro)

Filamenti di sigaretta
Che ardono un baleno dopo l'altro
Fino al prossimo bivio
Dove scegliere diventa un incarico allegorico

Le tue mail mi fanno venire voglia
Di dar fuoco al pc
Quindi ti sposterò nella posta indesiderata
Dove i tuoi sproloqui marciranno
(*per sempre*)
Ma poi
    Un'insopportabile vocina nella testa
        Mi chiede
Come farò senza di te

Qualcosa m'inventerò

Presente a me stesso

Presento me stesso

A un futuro imprescindibile

Passato

Attraverso un amore senza vi(n)coli

Lo specchio a due facce

Lo specchio ha due facce

Oggi posso guardare lontano

Senza allontanarmi da un confine

Maculato di fede

Mi chiedi cosa voglio

Vorrei scrivere la Poesia Perfetta
Vorrei scriverla sui solchi del tuo corpo
Mentre la luna ci spia gelosa
& nell'aria pizzica la brezza incendiaria
Di una notte rubata all'infelicità

Celato nel mio anagramma

Riconosco il rintocco lagnoso del tempo

Stanotte al cimitero degli ignoranti

Seppellirò la maschera dell'artista incontentabile

Senza fretta o rimorsi

Quando ho scelto la mia strada sapevo di non sapere

Non c'è nessuna strada da scegliere

Solo un percorso da riprendere & un dialogo ininterrotto

Il mio cammino non ha nome né m'intimidisce

Il mio cammino mi porterà a ritrovare la morte

Che vuoi che sia

Cerchio assoluto

Nel crepuscolo di questa vita

Mi piacerebbe riposare appoggiato ad un albero robusto

& ripensando a tutto quello che ho combinato

   Sorridere con maliziosa riconoscenza

Queste parole non hanno valore

Se nessuno le legge

  Nella carta osservo l'impronta della voce

Tutto quello che nascondo

  È un corteo di frasi che non pronuncerò mai

Dove si sposterà il tuo prossimo sorriso

Nessuno lo sa

Ora posso morire per il mio amore

Amica, mi ricordo di quando ero stregato dalla malinconia
Lei mi ammaliava con le sue fusa uggiose
      Come una consorte schietta & attendibile

Amica, mi ricordo passeggiate in riva al precipizio
Le nuvole erano così basse da strangolarmi
& non importa se era solo fumo. Faceva male lo stesso

Amica, mi ricordo il sogno che adesso ho realizzato
Lo ricordo come si ricordano gli incubi dissolti
Perché hanno la stessa consistenza

Seduto in meditazione, nella mia stanza
Avvolto dal bonario silenzio del vespro
Origlio i mormorii della mia anima che mi benedice

Amica, ho trent'anni
& per la prima volta sento il cuore battere

Lei com'è?

È perfetta, rispondo

Perfetta per me

Sento la melodia nei suoi disegni

La fragranza nei suoi appunti

Il gusto nei suoi discorsi

Lei com'è?

È perfetta, rispondo

Perfetta per me

& cosa importa se non sono perfetto per lei

Il sole di mezzanotte che entusiasma i suoi occhi

È l'unico bagliore che seguirò

Lei com'è?

È perfetta, rispondo

Perfetta per me

Un sognatore che non paga il biglietto

Questo cammino durerà

Finché avrò eliminato l'ultima scusa

& sarà il giusto secolare tributo alla fatica

Solo l'amore può salvarmi dall'amarezza

Sono nato per curiosare nella sua essenza

Celebrare il misticismo del suo silenzio

Correre lungo strade senza nome imbottito di brezza
Solo l'amore può salvarmi dall'insicurezza
La chiave che apre le soglie di tutti i paradossi

Perfino quello che lei non esista

& se la perfezione non è di questo mondo
Vorrà dire che faremo di questo mondo
Un'eccezione

Come faccio a dirle che nello scrigno non c'è alcun tesoro?
Vorrei essere in ogni posto
                Tranne che vicino a lei
Mi fa sentire così utile
        & completamente insignificante

Lei ostenta i suoi sorrisi migliori
& i miei occhi torturati sono cirri arroventati
In questo blasfemo cielo scarlatto
Che sembra un tabarro di sangue logoro
Proviamo ad annullarci stanotte
Cos'abbiamo da perdere, se non il nostro ego?

Ascolta

Se sai dove vorresti essere

Allora sei dove dovresti essere

Non esiste orologio che segni l'ora giusta

Quando ti trovi nel posto sbagliato

Ascolta il crepitio di un incidente volontario

Esistenza

Ti stanno aspettando

Cosa aspetti

Quando sei giovane

I ricordi si accumulano come nivee saline

& anche se il sapore è aspro

Non c'è proprio nulla di cui lamentarsi

Ogni giorno

La vita precipita su di me

& mentre le onde disegnano origami arenosi

Resto seduto a contemplare

Il secchio colmo di liquido cobalto

Curiosando nella mia essenzialità

& vedo solo magnificenza

Percezioni possenti

Potenziale inestinguibile

Qualcuno direbbe che sono allegro &/o ottimista

Grato,

dico io

Filamenti di sigaretta
(quarto tiro)

Filamenti di sigaretta
Rimpianti distratti da soffitti anneriti
La memoria forgia scherzi sopraffini
Mentre cerchi di cambiare, il tempo cambia te

Dormirei tutto il giorno se potessi
Ma poi finirei col trascurare i miei sogni
   & allora la realtà sarebbe un paradosso troppo duro
Da affrontare

La mia città è solo un cumulo di macerie
Ben assortite

Dimmi perché dovrei ricominciare
Dimmi perché dovrei rischiare ancora

Risorgere
Riprendere possesso del proprio Io

Custodire il tesoro
Per renderlo disponibile a tutti

Dentro il mio fuoco

Suonano incessanti le chitarre

Questa è la zuccherosa punizione dello scrittore

Che sorveglia il mondo con un taccuino in tasca

& tramuta in paragrafi un'emozione

In capitoli una storia d'amore

In versi un paesaggio solenne

Dentro il mio fuoco

Suona l'orchestra dei maledetti

& forse non basterà tutto il talento

Del mio cuore

Per domare le fiamme

Se avessi potuto scegliere

Non mi sarei innamorato di lei

Sarei rimasto nel mio cantuccio

A sorseggiare rime & mendicare paragrafi

Se avessi potuto decidere

Non mi sarei smarrito nelle sue guance

Accolto dall'abbraccio di capelli ondulati

Ora sono qui a scrivere di come sarebbe potuto essere

Se solo se

Se avessi potuto scegliere

Non avrei saputo prendere una decisione

Il nero mi è sempre stato bene addosso
Come un disegno riuscito
    Tutto è illuminato dalle tenebre dei miei pregiudizi

Il tempo si sposta lungo binari conosciuti
Le discussioni si accumulano arroganti
    & quel che resta è un tramonto di domande irrisolte

Non ci sono segreti per chi apre gli occhi
Ucciderete la mia ispirazione presto o tardi
    Ma ciò che conta è che sarò ancora in piedi a rinfacciarvelo

Prossima fermata: Zoo, urla una voce frivola
L'amore sfavilla di luce spruzzata di zucchero a velo
    L'orologio è rotto & questo giorno non finirà mai

(ma cosa importa quando tutto quel che vedi è pitturato di buio)
Ancora una volta scivolerò in punta di piedi dentro lo Zoo
Dove la mia calda/accogliente/spaziosa gabbia m'aspetta

Sette in punto di un mattino disordinato
Abbagli pigiati nello scaffale dei rimpianti
Una camera infagottata di prospettive
Mi piacerebbe che tu fossi qui a giocare alla vita
Con me
  Mi piacerebbe poterti guardare
Mentre ti prepari a consumare un'altra giornata
Miracoli & parafulmini
  Forse ho bisogno di entrambi
  Forse ho solo bisogno di credere

Ricordi quella sera
Avevamo preso in prestito la luna per un po'
Dovevamo sbrigarci
Io avevo appena firmato il contratto per il mio primo libro
& c'era da festeggiare prima che tu partissi

Mai sperare che l'arte possa cambiarti la vita in meglio
Ti dissi
Tu eri triste perché non ci saremmo visti per un bel pezzo
Dal pub la strada si smarriva nei grovigli di periferia
Nell'aria fragranza di malto & barbosi addii

Ricordi quella sera
Il futuro faceva paura, davvero
Avremmo voluto distruggere tutti gli orologi
Dichiarare guerra al calendario
Ma finimmo col guardarci negli occhi senza proferire parola

Ricordi quella sera
Sì, lo so, è stato solo ieri sera
Ma da allora il tempo s'è fermato
& tutto quel che resta è una stagione interrotta

Davvero credi che io abbia dimenticato?

Davvero credi che non possa raccontare il ricordo di te?

Davvero credi che sia così forte da seppellire un'amicizia?

Anno dopo anno, non ti ho dimenticato

& anche se non vengo a trovarti spesso

Nei miei sogni combattiamo ancora fianco a fianco

     Uniti & sfrontati

Per questo che nelle mie mani c'è un po' della tua forza

Strade di fuoco

Ingannare la mezza-notte imbrattata di caligini

Qualcuno che ti chiama per nome

& borbotta la menzogna che non hai il coraggio di dire

Di città in città

Di villaggio in villaggio

Mostreremo loro uno spettacolo di annichilimento

& poi torneremo ai margini a sbeffeggiare l'analfabetismo

Strade di fuoco

Certo che possiamo tornar indietro

Certo che non possiamo tornare giovani

Certo che non abbiamo tutte le risposte

Certo che non ci siamo posti tutte le domande

È così tardi che è quasi troppo presto

Viaggeremo ricolmi di patti spezzati fino al mare

&ppoi di corsa nel deserto

Che uomo sei se non abbandoni tutto nel niente

Strade di fuoco

Quello che non cerchiamo più

Ci trova

Quello che non troviamo più

È inutile

Quando i due s'incontrarono

Nel sottosuolo tetro della città notturna

I loro occhi vergarono futuro balenando passione

& tutte le ombre che furtive rapivano luce ai lampioni

Dovettero rannicchiarsi

Sconfitte dall'alba che scintillio dopo scintillio

D'amore tutto riscopre

Niente a questo mondo m'intimorisce ormai

Quando assemblo versi

    Rubo palpiti all'immortalità

Una lunga sosta prima di rinascere

    Questa vita è stata una recita perfetta

La prossima volta (*prometto*) faremo ancora meglio

Filamenti di sigaretta
(quinto tiro)

Filamenti di sigaretta
Mescolarsi con l'energia che cinge l'universo
Cospargersi di fedele sentimento
Danzare finalmente coi demoni dell'adulazione

Quand'ero a scuola ero un tipo proprio strano
(*non che adesso vada meglio*)
Andavo in giro coi capelli lunghi barba incolta
Insomma un piantagrane che credeva di essere migliore
Di tutto & tutti
Uno scrittore. Un prestigiatore. Un eletto. Un anarchico
Un egoista che indossava la maschera dell'artista eccentrico
Ma non c'era niente di interessante nelle mie azioni
(*per la gioia del preside*)

I compagni di classe mi adoravano
Ma sì, perché no
Ero il clown dei banchi. Il giullare delle lezioni. Il buffone
Che distraeva dalle interrogazioni & dai voti
I professori invece non mi vedevano di buon occhio
Ero un potenziale sprecato, dicevano
Avrei potuto essere il primo della classe, dicevano
Se solo avessi voluto, dicevano
Ma io mi ritenevo superiore
& non ascoltavo quel che dicevano
Ero uno scrittore. Sarei uscito dalla melma con le mie forze
Che cavolo, ero un prescelto. Un predestinato.
Un pezzo di carta con un timbro non avrebbe fatto
La minima differenza
& così mi diplomai col minimo dei voti

(*per la gioia dei miei genitori*)

Dopo il diploma voltai le spalle a quel posto
Credendo che la vita sarebbe stata facile
Profumata di vaniglia
Gli anni passarono & non pubblicai niente
Col tempo dimenticai chi ero & cosa volevo
Indossai i panni del Bravo Impiegato
Con una cravatta a strozzare qualunque desiderio
& un conto corrente a ricordarmi che ero un numero
Solo quello
Avevo rinunciato a rimorchiare donne declamando versi
(*comunque non funzionava mai*)
& alla fine mi ricoverarono nel reparto d'igiene mentale
Matto matto matto come tutti gli artisti che si rispettino
(*per la gioia di mio padre, che tanto lo aveva sempre saputo*)

Mi rimisi in carreggiata un giorno di pioggia
Presi carta & penna & tornai a respirare aria fresca
Sigaretta dopo sigaretta lasciai il lavoro
& tornai a guardarmi allo specchio
Oh, signori, il tizio allo specchio era invecchiato parecchio
Aveva messo su chili, occhiaie & i capelli erano svaniti
Ma era un tipo tosto. Il suo sorriso era una sfida al mondo
& a se stesso

Stavolta non avrei perso. No. Stavolta avrei lottato davvero
Probabilmente avrei fallito, ma non aveva più importanza
Non puoi accendere un fuoco senza una scintilla
Contava solo provarci
Senza più sacchi di rimpianti da trasportare
(per la gioia delle mie spalle incurvate)

Quindi adesso sono qui & sono quasi felice
Dico quasi perché uno non si deve accontentare mai
Ma ho iniziato a costruire qualcosa & quando ammiro
Questo qualcosa
Anche se a volte ne sono terrorizzato *(& non so perché)*
Quando ammiro questo qualcosa
Sento le campane suonare a festa
Sento che i sogni non hanno più l'importanza di prima
Perché la realtà inizia a profumare, signori
Come ho sempre immaginato che avrebbe dovuto essere
Questa è una sorta di ritorno a casa
(per la gioia della mia anima)

Ogni interminabile istante trascorso senza di te
È una scommessa persa con il destino

All'improvviso la folla prese a seguirmi lungo il labirinto
Convinta che conoscessi il percorso per l'uscita
      Nessuno pensò di chiedermi cosa stessi facendo
Così quando mi fermai al centro del labirinto
& mi sedetti in compagnia della mia ombra
Pasteggiando quiete
La gente non sapeva proprio che fare
Iniziarono a discutere dandosi la colpa l'un l'altro
& quando la lite divenne fastidiosa
Mi alzai & guadagnai l'uscita
Ignorato

Tutto il potere che diamo agli altri
È un prestito a fondo perduto
Che non possiamo più reclamare

Ho cercato a lungo un sorriso come il tuo
Ho esplorato ogni foresta per catturare il tuo riflesso
Avvinghiato a una convinzione che sapeva di utopia
Non avrei più trovato un'altra come te

Adesso che la clessidra ha piagnucolato tutta la sua sabbia
& la barba non serve più a nascondere il mio ghigno
So di aver avuto sempre ragione
                                              & sempre torto

Aspettarti non serve & non porterà a nulla
Ma lo farò

Ogni incanto ha bisogno di essere ammirato
Ogni canto d'essere ascoltato
          Affetto
Asseconda il mio desiderio di condivisione
Anche stanotte sono risorto
Trasudando purezza, sangue & sincerità
Ciò che è mio è guadagnato
Ciò che non lo è diventerà dovuto
Tutto il resto è benedetto
Perché piangere
Sono i nemici a definirmi
La mia tristezza è una sciabola penetrante
Il fine si riduce ad un anello

Quel che hai

Riposa

Quel che non hai

Riscopri

La strada si perdeva nel deserto
      Stavo solo sprecando tempo
Così presi la mia borsa & tornai in città
Dissi allo sceriffo
Ehi, qui c'è un lavoro per me?
Sono solo un ragazzo ma sono disposto a fare tutto
Lavorai ogni giorno per un anno
Certe sere mi sentivo così stanco da non riuscire
Neppure a lagnarmi
& allora nel buio della mia camera pregavo il Signore
Gli chiedevo
Ehi, Dio, cosa c'è di sbagliato nella mia vita?
Perché non riesco a essere felice?
Credo ancora, Signore
Credo nell'amore, nel lavoro, nell'onestà
Signore, dammi la forza di andarmene di qui
Di fare fagotto & cominciare da capo

Il giorno successivo ci fu un crollo nella miniera
& molti morirono
Molti ma non io
Andai dallo sceriffo & gli dissi
Ehi, forse questa tragedia è tutta colpa mia
Ho chiesto a Dio un cambiamento
& mi ha ascoltato

Lo sceriffo mi mise in una cella stretta & umida
Dove sarei marcito un granello di sabbia alla volta
& da allora smisi di pregare

Credo ancora nell'amore, nel lavoro, nell'onestà
& semmai uscirò di qui, Signore
Costruirò un'altra vita senza l'aiuto di nessuno

Filamenti di sigaretta
(sesto tiro)

Filamenti di sigaretta
Che ascendono su sinapsi compatte
Prendere una decisione rilevante
Scegliere di affrontare ogni conseguenza

Ho conosciuto una ragazza

Che aveva manciate d'arcobaleno nelle tasche

Ma le teneva nascoste

La sua salvezza era l'amore

& l'amore non ha mai conosciuto

Ho conosciuto una ragazza

I contorni dei suoi sguardi tracciavano magnificenza

Eppure aveva deciso di non guardare

La sua salvezza era l'amore

& l'amore non ha mai conosciuto

Ho conosciuto una ragazza

Che occultava segreti nella pioggia cortese del meriggio

Ma erano solo lacrime sparpagliate sul cemento

La mia salvezza era il suo amore

& il suo amore non ho mai conosciuto

Prendimi per mano, mia signora

Accompagnami dall'altra parte del tramonto

C'è una ragione se tutto tace quando vivo nel tuo sguardo

Hai mai visto i miei occhi felici?

Hai mai visto una scintilla di vitalità?

È tutto merito tuo

Prendimi per mano, mia signora

Ti accompagnerò alla frontiera del primo albore

Se corriamo possiamo ingannare il tempo

Tornare dov'eravamo rimasti

Vivere di passione

Appassionarci alla vita

Prendimi per mano, mia signora

Tutto quello che è stato, sarà

I sentieri che tracci camminando

Sono sempre giusti

& se credi che non portino da nessuna parte

Vuol dire che non sei ancora arrivato a destinazione

Tutti si comportano come se le cose non cambiassero mai
Progetti, previsioni a lungo termine, programmi infiniti
Mamma, dammi le chiavi della macchina
Vado a fare un giro & non so quando tornerò
Questo è il massimo che io possa/voglia concepire
  Potete chiamarla paura
  Potete chiamarmi codardo
Io ho trovato nel presente il compagno assoluto

Il futuro?
Un amante che prima o poi ti tradirà

Diceva di vivere nel disordine

Diceva di non percepire tutta questa bellezza nel mondo

Diceva d'essere incosciente

Diceva di aver consumato troppa energia

Diceva che ogni cosa aveva perso sapore

Diceva che non le piaceva lamentarsi

& che avrebbe potuto cambiare quando voleva

Ma è impossibile ingannare

Chi ha sperimentato ogni inganno

Un buco nel cuore

È un immenso punto di partenza

Diceva che le cose si sarebbero aggiustate da sole

Che sarebbe tornata quella di prima

& io percepivo

Parole

Solo parole

Apparenze impalpabili nell'aria

Perché tornare quella di prima

Quando puoi trasformarti in qualcosa di meglio

Non fermarti a guardare l'incidente

Causalo

Attorno a me

Sembra che nessuno sappia dove sta andando

Amore, sono un uomo povero che può renderti ricca

Anche se gli altri non ci capiscono

Attorno a me

Sento preghiere & lamenti infantili

Amore, sei una donna povera che può rendermi ricco

Impareremo assieme l'arte di amare

Gli altri mi chiedono cosa sto facendo

Sono impegnato a vivere rispondo

Tutto il resto fa parte di questo circo che puzza di mondo

   Tutto il resto è accessorio

Ho lavorato ogni giorno da quando sono nato

Per essere migliore di com'ero un minuto prima

Sudando sangue & rovesciando parole su di voi

Il significato di tutto questo potete trovarlo

   In una pianta che sgretola l'asfalto

Attorno a me

Si affolla un paese di vecchi

Che invece di alitare saggezza & sapienza

Mugola davanti al calendario

Rimpiangendo quello che non è mai stato

Amore, dammi la mano

Sei forte

Sono forte

Insieme, siamo

Lungotevere affollato di vita

Serpente di macchine sole ruggente

Il fiume scruta Roma disteso comodo

Placido

Passeggio sotto un porticato di bar & botteghe

Protetto da palazzi che guardano gli alberi

Che s'inchinano a un venticello ambizioso

Tutto è come è sempre stato, penso

Da una sponda all'altra ci si osserva come in uno specchio

Separati eppure uniti

È il tuo compleanno & io ho un mazzo di rose in mano

& riesco a sorridere quando suono il tuo campanello

Sospiro

Salgo le scale

Spero che tu capirai perché sto facendo tutto questo

La tua essenza è il mio unguento

Il tuo abbraccio la mia sorte

Cosa ricordo di quel giorno?
Pioggia

Cosa ricordo di quella notte?
Lacrime

Restituitemi i soldi del biglietto
Lo spettacolo non m'è piaciuto

Il tuo sorriso che s'imbottisce d'oscurità

Eravamo sicuri di guadagnare

Ricordi i giorni in cui eri ignorante

C'era poco da insegnare & niente da imparare

…

Al di là dell'orizzonte ve(n)devo piume argentate

Le tinte del cielo erano piaghe da decubito

Stanco affamato sbiadito

Non avevo niente da chiedere & niente ottenevo

…

Ricordi i giorni in cui eravamo ignoranti

Potevamo dire tutto quello che volevamo

Riempirci di saggezza da quattro soldi

Senza pagare dazio

…

Adesso che il sole ci scalda più di prima

Abbiamo bisogno di meno vestiti & meno chiacchiere

Non siamo migliori

Solo consapevoli

Ho scritto tanti di quei versi
Alcuni belli, altri meno
Aforismi, sentenze, frasi, pensieri slegati
Poi eccoti
Inclini la testa & ti mordi il labbro

Tutta la poesia che ho dentro
Non lo spiegherà mai

Il tuo coraggio s'è trasformato in disprezzo

Il rifiuto è il tuo delitto perfetto

& il mio castigo illimitato

Una solitaria goccia di rammarico

Muta il sapore della mia malinconia

Nel centro di una mezzanotte chimerica
Guardando nel suo cuore
Raccogliendo il prodigio di una strada decolorata
Dalla pioggia cucita sui lampioni
Lei decise di lasciare inibizioni & ansie
& si avviò dalla parte limpida della riva
Laddove eravamo nati
Laddove non ci saremmo più nascosti

Penso di vivere ancora un po'
Col mio fagotto di venture & rivoluzioni
Contando le monete in tasca
Senza mendicare rispetto o attenzione
Posso comprare il mondo pagando il giusto prezzo
Le strade sono foderate di sangue
Ma non una singola goccia appartiene a me

Ho alzato gli occhi, dalla stazione al cielo
Fino alla croce
& ho promesso a me stesso che mi sarei impegnato
Per te, per il tuo amore
Nelle mie mani tutta la civiltà raccolta
In una linea disomogenea
Sì che m'impegnerò, amore
Dovessi rovistare nelle mie angosce
Memorie. Tormenti. Inquietudini. Frammenti d'ansia
Riciclati in pietosa omertà
Posso mostrarti tutti i miei trucchi
Ma nessuno crede più nella magia
Ho alzato gli occhi, dalla stazione al cielo
Fino alla mia personalissima croce
& ho promesso a me stesso che mi sarei impegnato
Tutto quello che mi serve è una manciata di volontà
Libertà. Pace. Coraggio. Conoscenza. Schegge di vita
Riciclate in luminosa evoluzione
Non pagherò la stanza stanotte
Ho costruito una capanna resistente
& non ho più bisogno di giustificare ogni mia azione

Io so cosa vuol dire

Arrivare a un passo

Sentire l'odore

Quasi assaggiare

        Capire che è possibile

Che sarebbe straordinario

Sentire di meritarlo ma non esserci ancora

L'arte dell'attesa, amor mio

Scivola sul mio collo come un serpente strangolatore

Non ho mai imparato a essere giudizioso

Mi piace godere dell'istinto

Specie quando mi fa soffrire

…

Masochista?

Vivo

Filamenti di sigaretta
(settimo tiro)

Filamenti di sigaretta
Scortare l'alba con un sorriso
Abbandonare il tramonto con serenità
Se ami, se dai, ogni giorno è semplicemente solenne

Ho già dimenticato tutto quello che ho fatto

L'importante è oggi

Chi vive di ricordi si distrae facilmente

Chi vive di futuro è in perenne ritardo

La natura non aspetta

Non sogna

Non spera

Io mi vesto per tornare nudo

Non sono un emarginato perché scrivo

Scrivo perché sono un emarginato

A dirvela tutta

Non sono nemmeno un emarginato

(*un tempo mi faceva comodo crederlo*)

Faccio parte di quel silenzio

Che congiunge tutti i peccati in un'unica

           Magistrale

Spiegazione

Le stelle brillano in modo diverso
La differenza tra alba & tramonto
      È semantica
Sciolgo una lacrima di sudore nel tuo ritratto di rugiada
È nel tuo profumo che si racchiude la mia passione
Ora, di nuovo attento ai particolari
Posso raccogliere ogni istante & serbarlo con affetto
Fino al momento in cui ti troverò & te ne farò dono

La fiducia
Può essere futuro

Ho imparato più da un acquazzone
Che da dieci anni di scuola
Nell'angolo in cui mi hanno stretto
Ho raccolto il riflesso della mia moralità
& dall'angolo ho ricominciato a comporre
Il puzzle dei miei dolori
Scoprendo che non facevano più paura
Ho imparato più da una singola sconfitta
Che da dieci vittorie
Nessuno di quelli che mi stringono la mano
Conosce gli inferni che m'hanno ospitato
Ma ciò non toglie che la mia mano sia calda & lieta
Ho speso tutto il mio ego alla bottega dei baci sciupati
Ho imparato più da me stesso
Che da dieci libri
Infondo io vado a fondo imbevuto di giorni vissuti
Ma il mio fondo è tenero & rivestito di vittoria
&d è solo un altro limite
Di cui faccio volentieri a meno

Chi sono

Io tratteggio la perentoria, perfetta, imperfezione dell'uomo

Scrivo di sconfitte & perdenti

Vincitori & dominatori

Di bardi & briganti

Di nobili gesta & emozioni artefatte

Batto le mani a tempo

      Ma non partecipo alla vostra commedia

Ho smesso di fabbricare vita sulla paura

Nessun paravento riesce più a celare le mie ambizioni

Chi sono

Solo uno che ha comprato il biglietto

& partecipa allo spettacolo

Occhi nocciola

Il nocciolo di tutto è la compassione

Mi chiedo se essere solo non faccia di me un vigliacco

Preferisci vivere vicino agli uccelli o sognare di avere le ali?

Occhi nocciola

Che il tempo ha reso quasi verdi

So di essere in guerra col mio ego

Mi basta guardare un albero corteggiato dal sole

La pace non so cosa sia

Non so nemmeno se la voglio

Forse la temo

Occhi nocciola

Stanotte ho deciso che il coraggio

Non è una scelta

Non ti riconosci?
Eppure sei tu
Niente t'appartiene
Eppure sei qui
Le risate t'intristiscono
Quasi quanto indugiare mentre non succede nulla

Il tempo non è un'attività scontata
Hai deciso di mascherarti così a lungo
Da diventare la tristezza di qualcun altro
Ora i resti di te sono raccolti in un diario impolverato
Dovevi ammantarti dei tuoi sogni, ricordi?
Il premio sarebbe arrivato presto
Il coraggio disse(r)ta sempre

Le mie labbra hanno smesso di mentire
L'unico atto di coraggio che (ri)conosco
È innamorarmi ancora

Potrei scambiare i miei tormenti
Coll'oscurità spirituale
Ma una volta sintonizzato con le stelle
Tutto guadagna d'intensità
(& *dipinge precisione*)
Cerco un crepuscolo che sia solo mio

Laggiù è preservato ogni mistero

Scavare mi terrorizza

Ma devo farlo

Non basta esser nati

                Per esser vivi

Se accetti questo Tutto diventa sconvolgente

Puoi chiamarla rivoluzione

                Puoi chiamarla risurrezione

Sono un corpo con un'anima

o

Un'anima con un corpo?

La differenza crea la differenza

Nel tuo giardino stanotte

È preservato il piacevole prodigio delle rose

So che è tardi, amore

Ma ho preso questa chitarra & la suonerò per te

Questa luna non accetta rimpianti

So che siamo troppo giovani

Ma non lasciarmi solo

A separarmi dalla libertà c'è solo una macchina & una strada

Ho bisogno del tuo coraggio per essere coraggioso

Ho bisogno che le tue labbra sussurrino il mio nome

Per non dimenticare chi sono

La notte muta

Muta la tua notte

Senza dibattiti

Rifletti incidenti di percorso

Ogni consapevolezza ti sta cercando

Abbracciala

I timbri delle tue abilità

Si sono infiltrati nella mia mente

Ho deciso di donarti la mia voce per dire cose sensate

Riponi i tuoi assiomi in un cesto capiente

& vieni a brindare coi tuoi demoni

Ogni regalo è un fatto inevitabile

C'è un momento in cui tutto diventa utile

Perfino l'indispensabile

Come se potesse cambiare qualcosa

Come se ne valesse la pena

Sconto le mie prigioni agli altri

Ma non voglio perdonarmi

Un messaggio cancellato dalla sabbia

Rimane impresso nella memoria della spiaggia

Come se fosse facile

Come se chiudere una porta non facesse rumore

La redenzione è sopravvalutata

Puoi illuderti che il tempo passi allo stesso modo per tutti

Ogni ora sprecata a sprecarsi

È un crimine che il tuo cuore non dimenticherà

Qualcuno da qualche parte
        Un giorno
Mi chiederà cosa c'era di speciale in lei
Proprio niente, risponderò io
Non mi ha mai chiesto di essere diverso da quello che sono
Ma mi faceva venire voglia di diventarlo
& se sono riuscito a farmi amare
Avevo davvero qualcosa da dare

Passeggiando nell'uragano
Le nostre dita in comunione sconfinata
Un solo pensiero
Un solo mondo sbucciato dalla felicità
Vorrei contagiarti con la mia malattia

Amore

Una donna senza passioni
Come può appassionarmi

Insiste su di me un inverno aspro

Esiste in me un ricordo della tua mano aggraziata

Che stringe la mia

Assisto curioso al giungere di una prima vera

Primavera del mio spirito

Farò tutti i sacrifici necessari

In attesa della mia splendida, meritata, ricompensa

Che trasformerà ogni sacrificio in semplice atto dovuto

& ogni azione in conseguenza logica

I miei occhi guadagnano il confine del cielo

& non incolpano mai le nuvole

Batuffoli soffici, piccoli versi

Di una sfolgorante & benevola poesia universale

Io sono parte di Qualcosa

Io voglio essere protagonista di me stesso

Semplicemente avvolto di fede

Se non ti sei mai perso

Come puoi dire di conoscere la strada

La nascita non è il principio

& la morte non è la fine

Sono stato spettatore di tutti i cambiamenti del mondo

Il più grande dono che abbia ricevuto

È stato non farmi ricordare

Io, pellegrino

Proseguo verso il Mio santuario

Ogni verità è ricerca personale

Finché avrò sete

Avrò senso

Per imbrogliare il tempo

Ho appoggiato le mie labbra sulle tue

Non puoi sapere se questo è solo desiderio

O emorragia

    Che differenza fa

Se il tuo cuore è diventato cosciente

Separato da me stesso

Aggrappato all'illusione di una parola seducente

Alla ricerca di una strada senza nome

In attesa di un miraggio

Costretto all'angolo

Mi chiedo se mi aspetterai

Ho promesso che se fossi rimasta indietro

Ti avrei aspettata

& adesso che mi guardo attorno

Non vedo nessuno

Se nessuno mi dice grazie

Sono in pace con me stesso

Ho solo fatto il mio dovere

Sono un randagio dell'io

Resto

Ma non posso fare a meno di esplorare

Esperienza dopo esperienza

La vita, in dosi elevate, non ha antidoto

Nato per correre, certo

C'è un inizio & c'è un(a) fine

Parlano la stessa lingua

Se proprio me lo chiedete

Vivere & morire

Non c'è differenza

Ogni cosa che fai
Ti migliora

Ti lascio andare

Oh sì, certo che ti ho amata

Ti ho amata come si ama una sfavillante utopia

Adesso ti lascio andare

Devi vedere la tua strada coi tuoi occhi

Ho perso troppe scommesse

& non voglio più permettermelo

Oh sì, sì che ti ho amata

Ti ho amata come si ama un'idea rivoluzionaria

Ma mi sono stancato di questa sala d'attesa

I giorni torneranno ad esser miei

Ti lascio andare

& chissà

Occupandomi di nuovo dei miei sogni

Costruirò un giorno nuovo & un candido mosaico

Il domani è pronto a spalancare ogni porta

Che io abbia l'ardore di aprire

Senza bussare

Io ti ricordo

Come un manto delicato che sussurra parole rassicuranti

Quella che provo non è depressione

Ma semplice coscienza di sé

Se guardo avanti viaggio nel tempo

& il passato plasmato da giustificazioni & rimorsi

Evapora

& ora

Per chiudere

Ripenso a tutte le pagine riempite & a quelle cancellate

Non ci saranno funerali & nessuno le rimpiangerà

Lasciate che le parole riposino in pace

Nel sepolcro dell'artista retribuito

L'ultimo romanzo che ho scritto

È il prologo del primo

L'ultima poesia che ho scritto

Completa la prima

Tutto ciò che mi riguarda

Non lo guarderò che con riconoscenza

Mentre passeggio in equilibrio nella mia strada

Divorando ogni bagliore d'umanità

Vita

& un sorriso

Cos'altro serve

Ricordami nei miei momenti migliori
Ricordami come si ricordano i sogni
Ricordami mentre ti sfugge un sorriso
Ricorda la parte onesta di me
Ricordami anche se ti ho dimenticata
Non ho nulla da restituire alla sorte
Non ho reclami da sporgere
Né lamentele da borbottare

Per questa notte & per questa scelta
& per tutte le notti & le scelte che verranno
        Non ho più alibi

Filamenti di sigaretta
(filtro)

I riverberi sbadigliano il mio canto
I lampioni lamentano il tributo al temporale
Ornato di brina mi presento a me stesso
Curiosando nelle mie spassose angosce
Inietto l'indomabile vaccino dell'amore

Il dito minaccioso della verità condensa questa notte
Aspettando un segno che non sia un sogno
Posso guidare senza una meta & senza una metà
Quel che devo agli altri
Adesso
Gli altri non me lo devono più

L'artificio più singolare è sfidare il cielo armato di un sorriso
Posso dissolvermi giorno dopo giorno
& non per questo essere morto
Perfino il vicolo più cieco scruta la malinconia con attenzione

Diventa chi sei
Impara a dimenticare
Dimentica di imparare

Pensa chi sei

Mentre la pioggia ti umilia

Annega armoniosamente nella sua eufonia

Nessuno sarà per te

Finché sarai per te stesso soltanto

Cosa aspetti

Se non ora, quando?

www.ingramcontent.com/pod-product-compliance
Lightning Source LLC
Chambersburg PA
CBHW032143040426
42449CB00005B/379